GUIDE PRATIQUE DU COLON

AUX NOUVELLES-HÉBRIDES

GUIDES COLONIAUX

Dr ERNEST DAVILLÉ

GUIDE PRATIQUE DU COLON AUX NOUVELLES-HÉBRIDES

Avec Carte & Plan

PARIS

LIBRAIRIE AFRICAINE & COLONIALE

J. ANDRÉ, ÉDITEUR

27, RUE BONAPARTE, 27

1899

AVANT-PROPOS

J'ai rédigé, il y a deux ans et demi, le manuscrit de l'ouvrage qui a paru sous le nom de « *Guide de l'Emigrant aux Nouvelles Hébrides* ».

Je crois devoir prévenir le lecteur que j'ai repris ce travail, sous son nouveau titre actuel, en le complétant et en le modifiant comme il convenait par suite des changements importants, et de diverses sortes, qui se sont produits depuis 1897 dans la région qui fait l'objet de cette étude.

Dr E. D.

Paris, 1er juillet 1899.

GUIDE PRATIQUE DU COLON

AUX NOUVELLES-HÉBRIDES

Description générale. — L'archipel des Nouvelles-Hébrides, situé dans l'hémisphère Sud entre le 20° et le 14° de latitude, le 163° et le 168° de longitude Est, se présente sous la forme d'une chaîne d'îles et d'îlots, d'étendue variable, se rattachant par leur constitution géologique, leur faune et leur flore.

L'île la plus méridionale du groupe, Aneitum, est à 370 kilomètres de Nouméa, chef-lieu de la Nouvelle-Calédonie, et à 2,518 kilomètres de Sydney, en Australie. D'Aneitum à Vila, dans l'île Vaté ou Sandwich, centre commercial actuel des îles, il y a 258 kilomètres.

Les caractères communs à presque toutes les parties composantes de l'archipel peuvent se résumer ainsi : côtes élevées et falaises à pic dans les parties Est, vallées assez nombreuses dans les parties

Ouest. Plages rares. Formation mixte, basaltique au centre, madréporique sur les bords. Plateaux successifs fréquents ayant l'aspect de gradins. Brousse épaisse jusqu'au bord de la mer, très difficile à pénétrer. Grande humidité, énorme couche d'humus, composée de débris végétaux accumulés pendant des siècles. Nombreux cours d'eau. Montagnes en général peu élevées.

Superficie. — La superficie totale du groupe est de 1,467,000 hectares, d'après les renseignements les plus récents.

On considère généralement le groupe des îles Banks, à 300 kilomètres environ de l'île Vaté, comme faisant partie du groupe des Nouvelles-Hébrides. Les îles Banks sont à 150 kilomètres de Spiritu Santo, l'île la plus au Nord du groupe des Hébrides.

Historique. — Découvertes en plusieurs fois : en 1606 par Fernandez de Quiros, qui ne prend connaissance que de Spiritu Santo; en 1768 par Bougainville qui parcourt une partie du groupe, auquel il donne le nom de Grandes Cyclades; en 1774 par Cook qui leur donne leur nom actuel et qui complète les relèvements déjà pris.

Visitées dans la suite par La Pérouse, en 1788, puis par Dumont d'Urville, qui retrouve à Vanikoro les restes du naufrage de La Pérouse.

Occupées militairement par la France en 1886, les Nouvelles-Hébrides furent évacuées un an plus tard, et une convention intervint entre la France et l'Angleterre pour la protection des sujets français et anglais établis dans l'archipel. Cette protection s'exerce par l'intermédiaire d'une commission navale mixte anglo-française, qui a pour but principal de tenir en respect les naturels des îles.

Population. — Plus de deux cents résidents français, anglais ou de nationalités diverses sont établis aux Hébrides, répartis dans diverses îles. Beaucoup sont en famille.

La population indigène pour tout l'archipel est estimée à un maximum de 60,000 canaques très disséminés.

Lignes de navigation. — Un petit vapeur fait obligatoirement le service postal mensuel entre Nouméa et les îles; son horaire doit être en concordance avec celui des Messageries maritimes dont le paquebot part tous les 28 jours de la Nouvelle-Calédonie pour Marseille.

Un paquebot anglais fait un service direct de Sydney aux îles et des îles à Sydney, toutes les six semaines.

L'archipel est également visité, mais sans régularité absolue, par des voiliers recruteurs venant de

Queensland, des Fidji, des Samoa ou de Nouvelle-Calédonie.

Le bateau de guerre français de la commission mixte parait de temps à autre dans les îles et se charge généralement des courriers d'aller et de retour.

Les paquebots des Messageries maritimes quittent Marseille tous les 28 jours ; la traversée entre la France et la Nouvelle-Calédonie se fait en 38 ou 40 jours. Nombreuses escales en route ; à Port Saïd, Suez, Colombo, Albany, Adelaïde, Melbourne et Sydney.

Le premier départ de 1897 a eu lieu le 3 janvier qui était un dimanche, à 4 heures du soir. Les départs suivants ont eu lieu de quatre semaines en quatre semaines, toujours un dimanche. Il en est encore ainsi actuellement.

Passages. — Le ministère des Colonies accorde aux émigrants pour les Nouvelles-Hébrides et à leur famille : 1° le voyage en chemin de fer, de la gare la plus rapprochée de leur domicile jusqu'à Marseille ; 2° le passage de Marseille jusqu'à Nouméa.

Ils ont à adresser au ministère des Colonies une demande faisant connaître leur intention de se rendre aux Nouvelles-Hébrides pour s'y établir comme colons.

A cette demande doivent être jointes les pièces suivantes :

1° Un certificat de bonne vie et mœurs ;

2° Un extrait du casier judiciaire ;

3° Un certificat médical attestant que les personnes pour lesquelles le passage est demandé peuvent supporter le climat des Nouvelles-Hébrides ;

4° Un reçu attestant le dépôt à la banque de l'Indo-Chine d'une somme de 4,000 francs, capital jugé nécessaire pour permettre à l'émigrant de s'installer et d'attendre les premiers résultats de son travail.

Il faut adresser sa demande au ministère six semaines au moins avant l'époque à laquelle on désire partir. Aucune demande n'est examinée si elle n'est accompagnée de toutes les pièces ci-dessus.

La banque de l'Indo-Chine, 34, rue Laffitte, à Paris, est un établissement de crédit placé sous la surveillance du gouvernement et qui offre toute sécurité aux déposants.

Elle a une succursale à Nouméa.

L'émigrant doit adresser ses fonds à la direction de Paris, en y joignant un spécimen de sa signature légalisée par le maire de sa commune, en double exemplaire. Il lui est délivré deux reçus ; l'un le primata, lui sert à toucher ses fonds à son arrivée à Nouméa ; l'autre le duplicata, doit être joint à la demande du transport gratuit adressée au ministère des Colonies.

Emporter avec soi le livret militaire après l'avoir fait viser au départ par la gendarmerie de son domicile, et dès l'arrivée, se mettre en règle avec la gendarmerie de Nouméa, bien que les Nouvelles-Hébrides ne soient pas une colonie française, et que les colons n'y soient astreints à aucun service.

Le voyage en chemin de fer, du domicile de l'émigrant jusqu'à Marseille a lieu en 3° classe. Franchise de bagages : 100 kilos par adulte et 50 par enfant.

La gratuité n'entraîne que le passage de pont, et en principe les émigrants n'ont droit qu'au couchage sur le pont. Ils feront donc bien de se munir de couvertures.

. Par suite d'une décision du ministère des Colonies :

1° Le transport gratuit en chemin de fer ne sera plus accordé qu'aux émigrants exerçant la profession de cultivateur, et ayant une famille nombreuse.

2° Les femmes et les enfants bénéficient gratuitement du passage en 3° classe.

Quant aux passagers hommes adultes, la classe qui leur est attribuée régulièrement est la 4°; mais ils peuvent être admis à voyager également en 3° classe, moyennant le versement entre les mains du chef du service colonial à Marseille, d'une somme de 99 francs, au moment de leur départ.

Trois repas par jour, suffisants comme quantité et qualité des aliments.

Il est bon toutefois, si on le peut, d'emporter quelques conserves pour améliorer l'ordinaire du bord.

Franchise pour les bagages à bord de 75 kilos par adulte et de 37 kilos 500 par enfant.

Vêtements. — S'il est bon d'avoir quelques vêtements chauds pour la route, il est inutile de s'encombrer des vêtements que l'on porte en hiver en France ; ils ne serviraient à rien aux Nouvelles-Hébrides, qu'à être la proie des insectes. Deux ceintures de flanelle et deux chemises également en flanelle suffisent pour se prémunir contre les fraîcheurs nocturnes relatives de l'archipel.

Encore l'émigrant trouvera-t-il à Sydney et même à Vila, à un prix très modéré, les vêtements les mieux appropriés pour les îles.

Tous les vêtements d'été en usage en France peuvent être emportés, notamment les pantalons et vestons ou blouses d'étoffe légère, blancs ou bleus, les tricots rayés, les chaussettes de coton. D'ailleurs les colons au travail portent presque tous le pantalon dit mauresque, dont le bas est emprisonné dans la chaussette pour empêcher les moustiques de pénétrer, et un veston léger laissant le cou libre et les bras à l'aise : toujours de l'étoffe légère, par exemple de la toile de Vichy.

Le seul vêtement de dessous est le petit tricot fin, bien préférable à la chemise, inutile et gênante. L'usage de la ceinture de flanelle est excellent. Comme coiffure, la plus répandue, peut-être un peu chaude, mais à coup sûr très maniable et peu coûteuse, est le feutre gris à grands bords.

En dehors d'une ou deux robes d'indienne légère ou de pongy à bon marché, le vêtement le plus pratique pour les femmes est le peignoir avec ou sans ceinture, laissant toute l'aisance des mouvements et pouvant se serrer à la taille pour faciliter la marche ou le travail.

Ce sont des chaussures françaises que portent ici les colons ; les souliers de chasse à semelle moyenne et sur lesquels peuvent se boucler des guêtres de cuir, sont d'un bon usage pour la brousse. Malheureusement les cancrelats, innombrables dans le pays, abîment vite le cuir ; aussi, beaucoup de personnes portent-elles des souliers en étoffe à semelle de caoutchouc. On se les procure à Sydney, à Nouméa, et dans les îles, à 5 francs la paire.

Rien de particulier à dire pour les enfants.

A ce propos nous avions posé en principe trop absolu qu'il ne fallait pas emmener d'enfants aux Nouvelles-Hébrides.

Assurément le climat ne leur est pas favorable, au

moins jusqu'à 12 ou 15 ans, âge auquel ils offrent déjà plus de résistance. Nous continuerons à conseiller aux émigrants de ne pas emmener de jeunes enfants aux Hébrides, mais sans en faire une impossibilité absolue.

Mobilier. — Moins l'émigrant emportera de meubles, moins il aura à payer en route, et plus facilement il voyagera. Toutefois il y a des questions e prix qui ont une importance première ; aussi je donnerai plus loin un tableau indiquant les prix auxquels les émigrants pourront se procurer à Sydney ou sur place, les meubles ou ustensiles divers dont ils auront besoin dès leur arrivée, lits, moustiquaires, chaises, table, batterie de cuisine, etc. Même observation pour les instruments aratoires. Les lits en bois ne valent rien ici, et les lits en fer démontables se trouvent à bon compte à Sydney.

Meilleure époque pour arriver. — Il est préférable d'arriver dans l'archipel en avril ou mai, et par suite de partir de France en février ou mars : au mois d'avril commence ici la saison fraîche ; les nuits sont agréables comme température et cette saison fraîche coïncide habituellement avec des pluies moins fréquentes, parfois même avec des sécheresses assez longues. La période des coups de vents est terminée, et l'émigrant a devant lui six

mois qui lui permettent de s'installer et de s'accli-
mater peu à peu, les grandes chaleurs ne commen-
çant guère avant octobre.

Arrivée et établissement du colon. — A leur
arrivée à Nouméa, les émigrants trouveront auprès
de l'administration locale tous les renseignements
qui leur sont nécessaires, tant pour leur court séjour
en Calédonie que pour leur installation momentanée
dans un hôtel de la ville, en attendant le départ du
petit vapeur qui fait le courrier des îles une fois par
mois.

Ils embarqueront sur ce courrier la veille du jour
fixé pour son départ dont la date est toujours an-
noncée par les journaux. Là encore ils ont la gratuité du passage et du transport des bagages.

Il faut trente heures environ pour aller par vapeur de Nouméa à Port Vila, principal centre européen de l'archipel. Pendant le séjour que fait le
vapeur sur rade et en attendant d'être dirigés sur
leurs concessions, les émigrants auront le temps de
visiter quelques installations de colons et de par-
courir les caféeries et les plantations de cocotiers,
de maïs et de bananes.

Autrefois le service des îles était fait en deux
parties, par deux vapeurs distincts. Ces vapeurs
appartenaient tous les deux à la Société française
des Nouvelles-Hébrides. L'un, le plus grand, trans-

portait les voyageurs de Nouméa à Vila, l'autre, plus petit, les prenait à cette escale pour les conduire à destination.

Aujourd'hui il n'en est plus ainsi. A la suite de circonstances que nous n'avons pas à examiner ici, la Société a supprimé le plus grand de ces deux vapeurs, ou ne le fait servir qu'exceptionnellement, et les émigrants font le trajet entier sur le petit vapeur actuel, de Nouméa jusqu'à leur concession.

A leur passage à Vila, les émigrants pourront se procurer auprès de colons qui font le recrutement des travailleurs dans le but de céder les engagements (prime de cession : deux cents francs comptant par canaque et pour trois ans), trois travailleurs par chaque émigrant, ce qui leur permettra dès l'arrivée sur la concession de se faire un abri provisoire avant de commencer leur installation définitive et les travaux de défrichement.

Moyennant un prix à débattre, peu élevé, l'émigrant pourra, s'il le préfère, s'entendre sur place pour la construction d'un abri provisoire.

Premiers travaux. — Je conseille aux émigrants dans leur propre intérêt, une fois le logement assuré, de faire au plus vite un jardin potager et un abri pour les volailles qu'ils auront pu acheter en passant à Vila. C'est une perte de quelques jours, mais qu'ils ne regretteront pas quand ils se verront à même de laisser les viandes de conserve ou salées, et d'améliorer leur ordinaire avec quelques légumes frais ou des œufs.

Par suite, l'acquisition de quelques graines fraîches en France serait excellente. La plupart des légumes, radis, haricots, salades de toutes sortes, navets, carottes, aubergines, betteraves, choux, asperges, citrouilles, poireaux, salsifis viennent bien et presque en toutes saisons. Je ne connais guère comme exception que les choux-fleurs et l'artichaut. Rien n'est plus facile que d'installer une cressonnière, chose excellente. Inutile de planter des pommes de terre, elles coûteraient plus cher que de les faire venir d'Australie (0 fr. 20 c. à 0 fr. 25 le kilogr.) et elles seraient moins bonnes.

Pour leurs travailleurs, les colons, dans le but de se passer du riz qui leur coûterait en moyenne 300 francs la tonne, devraient planter, dès qu'ils pourraient se procurer les semences voulues, des ignames et des taros. Ce sont d'excellents végétaux indigènes, et je sais que, pour ma part, j'en mange fréquemment et avec plaisir.

Tous frais compris, la tonne d'ignames est comptée comme valant de 20 à 25 francs. On donne, il est vrai, 4 kilogr. d'ignames à un indigène, alors qu'on ne lui donne qu'un kilogr. (exactement 800 grammes) de riz par jour. Mais la dépense n'en est pas moins diminuée de 50 0 0.

Le taro est de rendement moins avantageux, par contre, on ne donne que 2 kilogr. de taros. Les deux cultures sont bonnes, comme atténuation des dépenses à prévoir.

Concessions. — Il est accordé gratuitement à tout émigrant ayant justifié comme il est dit ci-dessus de la possession de 4,000 francs, une concession de 20 à 25 hectares de bonnes terres. Cette concession lui est donnée par la Société Française des Nouvelles-Hébrides aux conditions indiquées dans le modèle d'acte qu'on trouvera à la fin de ce guide.

La Société Française des Nouvelles-Hébrides tient à la disposition des émigrants les plans des emplacements destinés à les recevoir. Chaque concession est délimitée et porte un numéro. L'émigrant peut donc, avant de partir, choisir son lot, et obtenir son titre de concession, avantage qui ne lui est fait par aucun pays étranger, ni par aucune colonie. Mais une fois qu'il a choisi, il est lié vis-à-vis de la Société et une fois rendu à destination, il ne peut pas faire changer sa concession. Si l'émigrant préfère attendre d'être rendu sur place pour choisir, il le peut également. Mais bien entendu, son choix est limité aux lots qui n'ont pas encore été distribués, ou dont la Société ne s'est pas réservé la distribution en France même.

S'il y a plusieurs demandes pour le même lot, il est tiré au sort.

Centres projetés. — Les centres projetés sont choisis dans des conditions spéciales pour se trouver à proximité d'un cours d'eau où les colons trouveront l'eau potable nécessaire : chaque lot ou bien aura un fron'age de bord de mer pour faciliter l'embarquement des produits, ou bien sera desservi par une route commune aux colons d'un même centre, route qu'ils auront à entretenir en vertu d'un accord à intervenir entre eux, par journées de prestation, dans les conditions analogues à ce qui se passe en France pour les routes communales.

De plus, ces centres, les premiers au moins, seront établis dans le voisinage des agences de la Société, où les colons pourront se ravitailler. Ceux que l'on créera par la suite le seront dans le voisinage des centres déjà installés. Les émigrants ne seront pas ainsi complètement isolés au début.

Capital nécessaire. — Il est indispensable que les émigrants aient un pécule qu'on ne peut évaluer à moins de 4,000 francs, de façon à pouvoir se procurer dès leur arrivée la main-d'œuvre nécessaire, et attendre sans souffrir, le résultat de leurs premières semailles. Il ne faut par compter et pour longtemps encore, que les Nouvelles-Hébrides puissent assurer des emplois rémunérateurs aux colons qui y viendraient n'ayant pour tout capital que leur bonne volonté et leurs deux bras, avec l'espoir de mettre de côté en travaillant sur place pour le compte d'autrui, une somme suffisante leur permettant de s'installer comme colons.

Les émigrants devront, dès leur arrivée, prendre à leur service au moins trois canaques, ce qui suppose une première mise de fonds de 675 francs au minimum, — pour les travaux de constructions et de culture ; l'Européen ne peut en effet, que remplir pour son propre compte le rôle de contre-maître, de surveillant de travaux, de chef de culture. Les premières rentrées ne peuvent se faire qu'après un minimum de six mois d'installation, et il lui faut prévoir son entretien à lui, la nourriture de ses canaques et les divers frais qu'entraîne toujours un début de colonisation. Or, il faut aussi envisager le manque d'une récolte à la suite de mauvais temps. C'est à dire que le minimum dont la justification est exigée empêchera les émigrants, — s'il savent montrer les qualités d'ordre et 'd'économie nécessaires dans une entreprise de colonisation plus que dans toute autre, — de se trouver aux prises avec de graves difficultés d'existence matérielle, difficultés de nature à les rebuter et à les démoraliser.

Conditions de la vie. — La nourriture est sensiblement la même qu'en France, sauf en ce qui concerne les viandes de boucherie. En dehors de Port Vila où l'on tue assez fréquemment (une ou deux fois par mois) des bœufs provenant des troupeaux de la Société Française ou de quelques colons, et des moutons que fait venir la Compagnie Australienne, les colons des autres îles ne peuvent avoir que très rarement de la viande fraîche. Cependant les agents de la Société abattent parfois une tête de bétail pour le passage des bateaux de guerre français ou anglais.

Mais les colons font tous l'élevage de la volaille, des porcs et des chèvres. Ils ont ainsi pour leur ordinaire, des œufs, des poules, du lait, du fromage et peuvent faire avec leurs porcs, de la graisse et du bon salé ; les chevreaux de quelques mois donnent une viande très agréable. Avec leurs légumes frais, les légumes secs dont ils peuvent s'approvisionner dans les 'magasins, ils se procureront ainsi une nourriture saine et abondante, sans avoir besoin de recourir trop souvent aux conserves qui ont le double inconvénient de coûter généralement cher et de lasser vite.

Prix des denrées. — A Port-Vila, le pain se vend de 0 fr. 40 à 0 fr. 50 le kilog. ; le bœuf, 1 fr. 40 ; le porc, 1 fr. 50 ; le mouton, 2 fr. ; les pommes de terre de 0 fr. 15 à 0 fr. 30 ; les haricots secs, blancs ou rouges, de 0 fr. 40 à 0 fr. 75 ; le vin en fûts, marque Saint-Georges, 75 fr. la demi-barrique et 140 fr. la barrique de 220 litres, — au détail, 10 fr. les 12 bouteilles, verres non compris ; — la volaille, à la tête, de 1 fr. 50 à 2 fr.; le canard, 3 fr.; la dinde, de 6 à 8 fr.; les œufs, de 1 fr. 25 à 1 fr. 75 la douzaine.

Le tableau ci-après donnera une idée des prix moyens des autres denrées et des articles d'usage courant que les émigrants pourront se procurer sur place dans les divers magasins.

ALIMENTATION :

Farine, la tonne, de	170 à 300 fr.	»
Huile d'olives (Duret), la bouteille . . .	4	»
Huile d'olives (Artaud), — . .	3	»
Vinaigre (Girondin), — . .	1	»
Graisse de Saindoux, le kilog	2	»
Rhum (Demay), le litre	4	»
Rhum ordinaire, —	1	50
Sardines à l'huile, 1/4 de boite. . . .	0	35
Saumon d'Alaska, 1/2 boite	0	75
Riz Patna, 1re qualité, la tonne, prix très variable	300	»
Riz ordinaire, 1re qualité, la tonne, prix très variable	275	»
Cognac (Ruche), la bouteille	2	50
Cognac ordinaire, —	1	25

HABILLEMENT :

Tricots communs, la douzaine . . . . 15 fr. »
Mauresques (pantalon et veston), la pièce
    suivant qualité . . . . 5 à 12 »
Chemises de travail, la pièce . . . . 3 »
Pantalon de travail, la pièce, de . . 3 à 6 »
Pantalon de moleskine, la pièce, de . 8 à 10 »
Vestons blancs   — . . 4 à 8 »
Souliers toile et caoutchouc, la paire,
    de . . . . 3 fr. 75 à 5 »
Souliers de cuir, la paire, de . . . . 8 à 10 »
Chapeau feutre, la pièce, de . . . 3 à 16 »
Chaussettes, la paire de . . . . 0.50 à 1 50
Casque (modèle des troupes), la pièce . 5 »

OUTILLAGE :

Grandes haches, la pièce de . . . 7 à 8 »
Demi-haches,   — . . . . 5 »
Hachette (coloniale), — . . . . 4 »
Tamioc,   — . . . . 3 »
Blair américain,   — . . . . 4 »
Sabres d'abatis (18 pouces), la pièce . . 4 »
   —   — (15 pouces), — . . 3 »
   —   — (12 pouces), — . . 2 50
Scie passe-partout,   — . . 18 »

Egoïne . . . . la pièce . . 5 fr. »
Scie à main. . . . . — . 7 à 9 »
Bêche. . . . . — . 4 »
Rateau . . . . — . 2 50
Houe. . . . . — . 4 »
Pioche . . . . — . 6 »
Pelle. . . . . — . 6 »
Pic de terrassier . . . . — . 6 »
Coins en fer. . . . . . — . 2 50
Marteau ordinaire, de. . . . . . 2 à 4 »
Brouette . . . . 10 à 15 »
Tenailles . . . . 2 à 3 »
Villebrequin. . . . . 5 »
Tarière . . . . 3 »
Rabot . . . . 3 »
Pointes de Paris, le kilog. . . 0.50 à 0 80
Pointes en cuivre — . . . 2 40
Boulons avec écrous, la pièce, de . 0.15 à 0 30
Clous de barrière, le kilog. 0 50
Tôle ondulée, — 0 50
Arrosoir, la pièce, de. . . . . 4 à 8 »
Seau — . . . . . 3 »
Herminette — . . . . . 5 »
Fourche — . . . . . 5 »

ARTICLES DE MÉNAGE :

Assiettes blanches communes. la douz. . 5 »

2

Verres de table, la pièce . . . .   0 fr. 50
Soupière faïence,   —   3   »
Marmite à queue,   — . . . . . .   3 à 6   »
Casserole à ragoûts, la pièce . . .   3 à 6   »
Fourchettes et cuillers, métal com-
    mun, la douzaine . . . .   3 à 5   »
Couteaux de table, la douzaine. . .   12 à 15   »
Couteaux de cuisine, la douzaine . .   2 à 3   »
Couperet, la pièce. . . . .   3 à 5   »
Poële à frire, la pièce. . . . . . .   2 à 4   »
Râpe   — . . . . . .   1.25 à 2   50
Savon jaune commun, par caisse de
    64 barres . . . .   20 à 22   »
Le même par barre de 1/2 kilog .   0.50 à 0   60
Pétrole, caisse de 2 touques. . . .   10 à 14   »
    —   touque de 18 litres . . . .   6 à 8   »
    —   par litre   0   50

Batterie de cuisine. — Je recommande d'une façon toute spéciale l'usage de la vaisselle et de la batterie de cuisine en fonte émaillée, faciles à tenir propres et d'un maniement moins dangereux pour les canaques qui ont la main malheureuse.

Résumé. — J'insiste tout particulièrement sur les questions des vêtements et des outils. L'émigrant connaît maintenant les prix auxquels il peut se procurer sur place ou en passant à Sydney (les prix sont en Australie forcément moins élevés), les effets, le linge et les outils d'un usage courant pour les pays de brousse. A lui de voir s'il a avantage à acheter en France.

Je me résume en deux mots : pour les vêtements et le linge (en dehors d'une chemise de flanelle, d'un pardessus et d'une couverture pour la route), des affaires légères, indiennes, toile blanche, dite nationale, et bleue, toile de Vichy. Comme instruments, ceux mentionnés ci-dessus et de plus, quelques outils de métier, truelle de maçon, gouge de charpentier, etc...

En passant à Sydney, l'émigrant trouvera pour 75 francs une arme excellente, la carabine Winchester, système Marlin, petit modèle à répétition, très maniable, très légère et d'un tir sûr à 500 mètres. Le magasin de cette carabine contient neuf cartouches.

Un bon fusil de chasse serait aussi très utile et donnerait la facilité au colon de se procurer à peu près comme il le voudrait, de très bon gibier de plume.

Meubles. — Je conseille aux émigrants de visiter les magasins australiens à Melbourne et surtout à Sydney. Ils y trouveront à bas prix les meubles et les objets appropriés aux pays chauds.

Lits en fer démontables à sommier en toile métallique

(excellent), système américain, avec traversin et
matelas en crin végétal, le tout pour   82 fr. 50
Moustiquaire toute faite pour le lit, indis-
    pensable à l'arrivée.   30   »
        Chez Antony *Hordern* (Sydney).
Taies d'oreiller, la pièce.   0   75
Draps, la paire   14   »
Commode à 5 tiroirs, en bois jaune d'Aus-
    tralie, la pièce   55   »
Chaises, dessus et plateaux en bois .   .   3   »
Chaises, plateaux en rotin   6   »
Table de 2 m. sur 1 m. et de 0 m. 80 de
    hauteur, la pièce, de .   .   .   .   .   20 à 25   »
Serviettes de table, la douzaine .   .   6 à 8   »
Serviettes de toilette, la pièce .   .   0.75 à 0   90
Nappes,   —   .   .   .   2 à 3   »

D'une façon générale, on ne paie pas sensiblement
plus cher en Australie qu'en France, et l'on s'évite
les ennuis du transport. C'est aux émigrants de voir
s'ils ont avantage, notamment pour le linge de lit,
de toilette et de table, à l'emporter de France, ce qui
serait évidemment le cas pour ceux qui en sont
déjà approvisionnés.

Climat. — On a beaucoup exagéré l'insalubrité
des Nouvelles-Hébrides : ces îles sont beaucoup moins
malsaines que les côtes de Madagascar, et l'état sa-

nitaire s'est déjà sensiblement amélioré dans les endroits où l'on a beaucoup débroussé. Il y existe de la fièvre intermittente à l'état endémique et les émigrants sont à peu près certains de la contracter dans les premiers temps de leur arrivée. Mais l'accoutumance se fait encore assez vite, et de nombreux colons, dans l'archipel depuis dix, quinze et vingt ans, se portent bien. La mauvaise influence de la fièvre dépend évidemment beaucoup de l'hygiène générale de chaque colon. Nous verrons plus loin quelles sont les précautions à prendre et le traitement à suivre. Mais il faut dire tout de suite que les accès pernicieux sont inconnus aux Nouvelles-Hébrides.

Somme toute, le climat des Hébrides a les inconvénients des pays intertropicaux, mais il en a aussi les avantages au point de vue de la variété et de la richesse des productions.

Il fait très chaud pendant cinq mois de l'année, de novembre inclus à mars inclus : les mois d'avril et d'octobre sont meilleurs; les cinq mois intermédiaires sont favorisés généralement par une température agréable, surtout quand l'année n'est pas trop pluvieuse.

L'année se partage par suite en deux saisons, une chaude et une fraîche, mais nous venons de voir que ni l'une ni l'autre ne sont exactement déterminées.

Les sécheresses sont assez rares aux Nouvelles-

Hébrides qui présentent en général l'inconvénient contraire : cependant l'année 1895 a été marquée par une sécheresse de huit mois, et il y a eu deux mois de sécheresse absolue en 1896. Ce sont là des faits exceptionnels.

L'archipel est visité de temps à autre par de violents coups de vent, appelés cyclones ou typhons, qui causent parfois de grands dommages aux plantations et aux habitations. C'est là un de ces à-coups de la nature auxquels doivent partout s'attendre les cultivateurs. Les colons néo-hébridais ne sont pas plus maltraités à ce point de vue que les fermiers de France dont un ouragan de grêle vient parfois détruire en quelques instants toute la récolte.

Hygiène. — Les insolations ne sont pas rares ici, même chez les indigènes ; c'est dire que les colons ne sauraient prendre trop de précautions contre le soleil, dangereux ici comme dans toutes les régions équatoriales. Ainsi les casques devront être munis d'un couvre-nuque léger et suffisamment long, ou bien, si les colons portent le feutre à grands bords, auront-ils raison de mettre en dessous, un mouchoir blanc, étendu de façon à protéger la nuque et le haut des épaules. J'insiste particulièrement sur ce détail, car j'ai vu bien des accidents parfois mortels dus à des imprudences ou à des fanfaronnades ridicules.

Je déconseille absolument aux colons l'usage des bains de mer et surtout de rivière, de même que les douches; le grand lavage chez soi avec une serviette ou une éponge est de beaucoup préférable.

Habitation. — Il n'y a rien de particulier à dire en ce qui concerne l'abri provisoire que tout colon est obligé d'installer au plus vite pour lui et ses hommes. Le meilleur et le plus rapidement fait est celui que l'on connaît en Calédonie sous le nom de paillote; 4 poteaux de 2^{m}50 de haut, enfoncés en terre de 0^{m}80, soit au total 3^{m}30 de hauteur, terminés en fourche à leurs extrémités libres, lesquelles reçoivent en longueur deux poteaux droits de 4 mètres, pris dans les fourches et fixés de plus avec un long clou dit de barrière, et deux autres en largeur, de 3 mètres, pris de même façon, en biseautant les bouts de ces derniers à l'herminette. Un tirant sur chaque pignon, de 1 mètre de hauteur, les quatre pièces nécessaires pour faire la carcasse de la toiture, des poteaux intermédiaires sur chaque face, en ménageant une porte sur le pignon de devant et une fenêtre sur le pignon de derrière, des pièces analogues intermédiaires pour la toiture, et des gaulettes de longueur voulue pour recevoir et supporter les bottes de paille destinées à composer la couverture et le coffrage. Le tout en bois de brousse que l'on a sous la main, et qu'il suffit de dépouiller de son écorce pour l'empêcher de pourrir trop vite. Bien battre le sol avec une dame que l'on fait soi-même.

Choisir naturellement un terrain sec, et autant que possible sur une petite élévation, pour l'écoulement facile des eaux. Le grave inconvénient de ces constructions, c'est qu'il faut être d'une très grande prudence pour y éviter l'incendie.

L'habitation définitive doit répondre à certaines conditions qui peuvent se résumer ainsi : emplacement sur une hauteur, près de la côte et à proximité d'un cours d'eau : bien débrousser les alentours, isoler l'intérieur du sol par une forte couche de béton cimenté ou mieux en bâtissant sur pilotis; une hauteur de 0^{m}80 sera suffisante. Les colons auraient avantage à faire venir de Sydney une charpente toute faite avec plancher et plafond, en donnant eux-mêmes les dimensions qu'ils désirent.

Ces constructions ne coûtent pas actuellement très cher, et l'on donne généralement aux acheteurs des facilités de paiement sous forme de versements mensuels représentant environ le dixième de la valeur totale. Coffrage de la maison en planches ou mieux en clayonnage et mortier. Toiture en chaume, la toiture en tôle, très chaude, n'ayant d'avantages que si le colon est trop éloigné d'un cours d'eau.

Cuisine indépendante, placée sous le vent de la

maison, de même que toutes les constructions accessoires, porcherie, étable, etc.

Voies de communication. — En dehors de l'île Vaté où il existe une route de 10 à 12 kilomètres environ, et quelques sentiers, les colons dans les autres îles ne peuvent communiquer d'un centre à un autre que par mer.

Aussi auront-ils tout intérêt à s'acheter, dès qu'ils auront quelques avances, une baleinière. D'île à île les communications sont régulières au moyen des vapeurs Français et Anglais ; les bateaux de guerre de la commission mixte viennent visiter l'archipel ; enfin plusieurs recruteurs ont des goélettes ou des côtres à demeure dans les îles.

De Nouméa à Vila 100 francs en 1re, 75 francs en 2º classe et 50 francs sur le pont.

Dans les îles, de poste en poste, ou d'île en île, 12 fr. 50 en 1re, 10 francs en 2º, 7 fr. 50 sur le pont.

De Vila à Sydney trajet direct, 250 francs en 1re, 200 francs en 2º, 150 francs sur le pont.

De Nouméa aux îles Sud (Vaté comprise) 25 francs par tonne de marchandises.

De Nouméa aux îles du centre, 30 francs par tonne.

De Nouméa aux îles du nord, 40 francs par tonne.

D'île à île, 12 fr. 50 par tonne.

De Vila à Sydney, 25 francs par tonne.

Frêt suivant arrangement, pour le transport des animaux et des fruits.

Nous avons vu qu'un service postal mensuel était fait par un vapeur français.

Flore et faune. — Toutes les Nouvelles-Hébrides sont couvertes d'une brousse épaisse sous laquelle on trouve, à mesure que l'on pénètre, un sol d'une grande fertilité. On y remarque de nombreuses variétés d'arbres propres au charpentage, à la menuiserie, à la construction des bateaux ; kaori, cohu, tamanou, gaïac, bois de rose. Les banians s'y trouvent en quantité, mais l'espèce dite banian ficus, dont le suc coagulé donne du caoutchouc, paraît être la moins répandue, D'ailleurs, il serait encore très difficile de tenter une exploitation de ce genre, tant à cause de l'insalubrité des forêts que du caractère sauvage et cruel des tribus qui y habitent.

On trouve une grande variété d'oiseaux dans l'archipel, et c'est encore une ressource appréciable pour les colons ; tourterelles bronzées, perruches, pigeons noirs, nantous, canards sauvages, poules sultanes, râles.

Beaucoup de porcs sauvages.

Les rats et les moustiques sont deux grands ennemis, les premiers des plantations, les seconds des colons. Contre les premiers, de bons chiens ratiers rendent service, et comme je l'ai déjà dit, une moustiquaire est indispensable pour se garantir des seconds, pouvoir dormir tranquille, souvent pour pouvoir manger ou écrire en paix.

Les serpents sont assez nombreux et les canaques en ont une véritable terreur.

Cependant je n'en ai pas encore trouvé ayant les caractères manifestes des races venimeuses et je ne connais pas d'exemple d'accident arrivé à des Européens du fait de ces reptiles.

Mines. — Il est à présumer par analogie entre la constitution géologique des Nouvelles-Hébrides et celle de la Nouvelle-Calédonie que les massifs montagneux qui occupent le centre de beaucoup d'îles, — notamment de Santo, Aoba, Pentecôte et Ambrym, — renferment des minerais.

Bien que l'on ne puisse encore dire rien de précis à cet égard, il y aurait de ce côté des recherches intéressantes à faire, à mesure que la pénétration dans l'intérieur deviendra plus facile.

Soufrières. — Il existe d'importants gisements de soufre, l'un à Tanna, l'autre à Vanna-Lava dans l'archipel des Banks, à 100 milles des Nouvelles-Hébrides. Des échantillons expédiés en Europe ont été très appréciés.

A Tanna, l'hostilité des indigènes d'une part, d'autre part l'état d'activité constante du volcan toujours en éruption, la chaleur qui se dégage du sol, les tremblements de terre presque journaliers rendraient l'exploitation difficile, peut être même dangereuse.

Aux Banks, les difficultés, quoique réelles seraient moindres, encore que la soufrière soit éloignée de 5 kilomètres, du mouillage des bateaux.

Plantations. — Les cultures qu'ont entreprises jusqu'à présent les colons, comprennent : les légumes, le maïs, le cocotier, le café, les haricots, le tabac, le cacaoyer, les bananes, la vanille, et le caoutchouc.

Légumes. — Il n'y a rien de particulier à dire au sujet des légumes qui se sèment, se repiquent et se soignent comme en France. La meilleure saison est en mars et avril. Le rendement est rapide, en outre il est très bon.

Ignames. — On les plante à peu près comme les pommes de terre ; quand elles commencent à germer, on les coupe par morceaux de 500 grammes environ, chaque morceau devant être mis dans un trou spécial de 0ᵐ 30 à 0ᵐ 40 de profondeur et de 0ᵐ 20 de largeur.

On fait généralement 6,000 trous à l'hectare ; il faut donc 3 tonnes de semences pour un hectare, ce qui, au rendement moyen de 5 kilogrammes par trou, donne 30 tonnes à récolter. On met en terre en septembre ou dans la première quinzaine d'octobre ; quand les plantes commencent à sortir de terre, on installe un treillis de roseaux minces, absolument comme pour ramer les pois : au bout de dix mois l'igname est à point, soit en juillet de l'année suivante.

On récolte en août et on replante en septembre, dans un nouveau terrain, celui qui vient de servir pouvant être utilisé pour du maïs ou des haricots. L'igname la plus facile à déterrer et celle qui paraît donner le meilleur rendement, est la variété petite et ronde, dite igname des Fidji, de goût très agréable et que l'on emploie comme la pomme de terre.

Haricots. — Cette culture donnerait ici les mêmes résultats de rendement qu'en Nouvelle-Calédonie, où l'on obtient deux récoltes par an et deux tonnes à l'hectare. Plusieurs colons en plantent pour leur nourriture et celle de leurs engagés; ils ont eu souvent de bons résultats. Malheureusement, le climat très humide des Hébrides doit toujours faire craindre la pourriture sur pied.

Maïs. — C'est la meilleure culture d'attente pour le nouveau venu. Il peut obtenir une récolte tous les quatre mois au rendement de deux tonnes à deux tonnes et demie par hectare, et profiter ainsi pendant deux ans des terrains qu'il a plantés en caféiers, pendant trois à quatre ans de ceux qu'il a plantés en cocotiers, et pendant un an de ceux plantés en bananiers. Mais naturellement, le rendement ne peut être aussi fort que dans un terrain absolument libre. On peut compter, bon an mal an, 100 francs comme prix moyen de la tonne de maïs à Sydney et à Nouméa. Ce qui, — frêt et valeur des sacs déduits, — laisse au colon de 75 à 80 francs par tonne. Malheureusement, le tarif douanier appliqué depuis quelques temps aux colonies ferme aux colons des Nouvelles-Hébrides le marché de Nouméa, où le maïs paie un droit d'entrée de 3 francs par 100 kilogrammes. Il faut par suite que la Nouvelle-Calédonie manque de maïs (chose rare maintenant), pour que les prix s'élèvent et que les Nouvelles-Hébrides aient avantage à y diriger leur maïs plutôt qu'à l'envoyer à Sydney où, dans tous les cas, la vente en est assurée. Tout le monde sait comment se plante ce produit. On sème et par suite on récolte en toute saison. Le meilleur rendement coïncide avec la saison des pluies.

Café. — Cette culture n'est pas aussi avantageuse qu'on a coutume de le dire, quand on veut la faire en grand, par suite des frais considérables de main-d'œuvre qu'elle nécessite alors. Cependant, elle est la base des ressources de beaucoup de colons et peut être rémunératrice pour un émigrant qui sait la limiter à de justes proportions. Il est préférable de planter sous abri, car si les caféiers donnent moins qu'en pleine exposition solaire, ils durent plus longtemps, ce qui est une compensation. Le meilleur abri est donné par une sorte d'acacia, appelé communément bois noir et que l'on plante en même temps que le café, la croissance du premier étant beaucoup plus rapide que celle du second. Mais il est rare que l'on soit obligé ici d'avoir recours à ce moyen, le colon ayant plus d'avantages à débrousser et à planter sous forêt, en élaguant et en abattant suffisamment les arbres déjà tout venus de façon à ce que les rayons du soleil parviennent bien en tous sens aux caféiers.

Le café des Nouvelles-Hébrides est sensiblement semblable au café de Calédonie, plus petit, mais d'arôme très fin. On ne peut le considérer comme une variété spéciale, car on trouve ici des plants très divers dans lesquels ceux de Calédonie et de Ceylan dominent.

Il s'est produit depuis deux ans et demi une baisse considérable sur le prix du café, baisse que l'on ne peut estimer à moins de 50 0/0, et qui est due à un énorme surplus de production. Il ne s'agit peut-être que d'une crise momentanée; en tout cas, le prix actuel de 1 fr. 25 à 1 fr. 40 le kilo. paie encore bien le travail.

La production locale est restreinte. En 1895, il a été exporté 100 tonnes environ de café marchand. L'année 1896 a dépassé 150 tonnes. Mais 1897 et 1898 ont été de mauvaises années; les récoltes déjà contrariées par des sécheresses inusitées ont beaucoup souffert des coups de vent fréquents.

Mise en place. — On peut mettre directement les graines à la place que doit occuper l'arbuste, ou de préférence repiquer des plants provenant d'une pépinière ou des grains que l'on trouve germés dans une autre caféerie. La meilleure distance à observer d'après de nombreuses expériences, paraît être de 2 m. 50, ce qui permet de mettre 2,000 pieds à l'hectare. Quand le caféier est en plein rapport, il donne de 300 à 500 grammes de café marchand, ce qui laisse supposer un rendement de 600 à 1,000 kilos à l'hectare, rendement variable suivant les soins dont on entoure la plante.

Récolte. — La cueillette est de durée variable suivant les diverses îles. A Santo, plus près de l'Equateur, on commence en janvier pour finir en juillet; à Mallicolo, en février pour finir en août; à Vaté, en mars ou avril pour finir en septembre. Les bons mois de cueillette sont juin et juillet dans l'île Vaté.

Préparation. — Les colons auront tout avantage à sécher leur café en cerises, soit au soleil s'ils sont favorisés par le beau temps, soit de préférence dans une étuve qu'ils peuvent construire eux-mêmes en s'inspirant de l'expérience de leurs prédécesseurs. Le prix du café en pulpe bien sèche (rendement de 50 à 60 0/0) varie actuellement entre 0 fr. 45 et 0 fr. 60 le kilo : prix variable naturellement suivant les cours des marchés où on l'expédie.

Ils peuvent également, avec plus d'avantages à certains points de vue, vendre directement sur place aux acheteurs locaux, soit sous forme de café en pulpe sèche ou en parchemin, soit sous forme de cerises fraiches aussitôt cueillies. Il faut de ces dernières 6 kilos en moyenne pour 1 kilo marchand ; le prix actuel varie entre 0 fr. 12 et 0 fr. 15 le kilo.

Cultures intercalaires. — Nous avons vu qu'entre les caféiers on pouvait planter du maïs ou des haricots, cela pendant les deux premières années ; mais après la deuxième année, il est préférable de ne plus faire aucune culture intercalaire dans les caféeries.

Nous terminons ce qui a trait au café en conseillant aux colons de ne pas développer outre mesure leurs caféeries à moins qu'ils n'aient des capitaux suffisants pour se pourvoir d'une main-d'œuvre abondante. Dix hectares plantés en caféiers suffiront ; l'entretien des caféiers, leur nettoyage et le sarclage obligatoire annuel, l'écimage des têtes et la taillle des branches leur prendront encore beaucoup de temps. Un plus grand nombre de caféiers les obligerait à un surcroît de dépenses qui n'aurait peut-être pas son équivalent en recettes.

Cocotiers. — Les Nouvelles-Hébrides sont très riches en cocotiers, et un assez grand nombre de colons, australiens ou français, se contentent comme industrie, de fabriquer du coprah avec les cocos qu'ils achètent aux indigènes. On désigne plus particulièrement ces colons sous le nom de coprahmakers. Mais les émigrants ont intérêt à créer sur leurs concessions des cocoteries nouvelles destinées à leur donner dans la suite un certain revenu. Si le cocotier est d'un rapport tardif (il ne commence à donner des fruits qu'à l'âge de 7 ou 8 ans et n'est en plein rapport qu'à 10 ans) il a, par contre, l'avantage de durer longtemps. Le rapport annuel moyen après la huitième année, ne dépasse pas 60 à 80 noix de coco par arbre. Les noix, débarrassées de leurs bourres extérieures, sont fragmentées, puis exposées, pour se dessécher, aux rayons solaires, ou plus généralement, à la chaleur d'une sorte de maison étuve où on les laisse jusqu'à ce que les amandes soient bien sèches et commencent à se détacher d'elle-mêmes. On les retire alors pour les enlever de leurs coques, on les fragmente en plusieurs morceaux et on les expédie à Sydney ou en France, où on les vend sur place. Le prix varie actuellement entre **225** et **275** francs la tonne à Sydney. Les colons les vendent dans les îles de **150** à **175** francs payables environ moitié en argent, moitié en marchandises, pour s'éviter les risques et les frais de transport par bateau. Mais les hausses sur ce produit sont fréquentes, et à certains moments, les colons ont obtenu sur place **200** francs par tonne en vendant aux bateaux de commerce qui circulent dans les îles. On plante les cocotiers à 8 mètres sur 7 mètres, soit **178** à l'hectare. Il faut environ **8,000** cocos pour faire une tonne de coprah. Toutefois nous devons dire qu'il se présente des différences assez fortes, suivant l'année et suivant le lieu de production, dans la fixation de ces chiffres.

Tabac. — Le tabac obtenu aux Hébrides a été apprécié comme goût et comme parfum. Malheureusement cette culture nécessite des soins spéciaux qui ne peuvent guère être donnés que par des blancs.

Bien que ce produit soit soumis au droit de 0 fr. 50 par kilo qui frappe les tabacs étrangers à leur entrée en Calédonie, l'existence, dans cette colonie, de manufactures de tabac permet de dire aux colons qu'ils auront un certain avantage à consacrer une petite partie de leur propriété à cette culture.

On sème en planches, absolument comme on ferait pour des poireaux ou des navets, mais après avoir pris la précaution de faire sur les planches, avant de semer, un bon feu de broussailles pour débarrasser la terre des parasites ennemis du tabac. On repique après trois ou quatre semaines. On peut faire, quand l'année est bonne, deux ou trois récoltes dans la même année sur le même pied. On obtient ainsi à l'hectare de 12 à 1,800 kilos de feuilles qui, réunies en manoques, se vendent de 0 fr. 60 à 0 fr. 75 le kilo suivant la qualité. Ce serait pour les colons une culture à tenter comme culture d'attente. Les graines qui paraissent réussir le mieux aux Nouvelles-Hébrides sont celles du tabac de Deli (Sumatra). On fait néanmoins des essais avec des graines de tabacs américains (Virginie et Connecticut) même avec des tabacs d'Orient, le latakieh, entre autres, dont le prix est élevé.

Cacaoyer. — Les cacaoyers viennent bien aux Nouvelles-Hébrides, dont le climat chaud et humide est tout à fait favorable à cette culture. Comme il a été très difficile de faire venir des plants même à grands frais, il n'y a guère encore qu'une centaine de cacaoyers en rapport à Vila. Mais plusieurs centaines ont été plantées depuis trois ans et ce nombre augmentera rapidement d'année en année.

La racine du cacaoyer étant un long pivot, il est indispensable de choisir une terre profonde. On peut planter directement sur la place choisie à la distance de cinq mètres sur cinq mètres, autant que possible dans des endroits abrités, et mieux encore près d'un cours d'eau. On élève de préférence en pépinière pour transplanter avec précaution quand le plant a 0 mètre 30 de hauteur.

Le cacaoyer ne commence à donner qu'à cinq ans et n'est en plein rapport qu'après la huitième année. Son rendement est très variable, allant d'un minimum de 500 grammes à un maximum de trois kilos et demi.

La taille a pour le cacaoyer une grande importance; aussi faut-il choisir avec soin les petites branches, feuilles et brindilles, à éliminer.

Les premières fleurs paraissent souvent au cours de la troisième année; mais le planteur a plus d'intérêt à les empêcher de donner des fruits, cette production trop hâtive pouvant gêner la croissance et même compromettre l'existence de l'arbre.

Vanille. — La vanille, dont chacun connait la valeur comme culture riche, est certainement une ressource d'avenir pour les Nouvelles-Hébrides, principalement pour les émigrants qui viendront en famille, la femme et les enfants pouvant s'occuper des soins délicats à donner à cette plante, pendant que le mari travaille dans la brousse.

On a obtenu depuis deux ans un assez grand nombre

de gousses préparées ; ces gousses sont très belles, et l'échantillon envoyé à Paris a été très estimé.

Cette liane se reproduit par boutures de un mètre à un mètre cinquante, dont un bout est enfoncé de trois à quatre pouces en terre suivant une inclinaison voulue, et dont l'autre bout sera attaché légèrement sur l'arbre destiné à servir de support. Il faut diriger soi-même la venue de la plante de façon à ce que les fleurs soient à portée de la main pour la fertilisation qui doit être faite artificiellement.

Les boutures ainsi plantées commencent à marquer dès la deuxième année, mais ne sont réellement en rapport qu'à quatre ans. On compte généralement qu'une liane en plein rapport donne 750 grammes de gousses vertes ; et il faut environ 5 kilos de gousses vertes pour faire 1 kilo de gousses marchandes. Le prix du produit est très variable, mais il est encore bien rémunérateur, surtout si le colon ne fait de la vanille qu'une culture accessoire.

Bananes. — On fait aux Nouvelles-Hébrides depuis dix ans bientôt, la culture des bananes. Mais l'exportation régulière n'a commencé qu'il y a cinq ans.

A certains moments cette expédition a dépassé 12,000 régimes de bananes par mois. Le débouché tout indiqué était Sydney, le grand marché australien le plus proche.

Cette culture est loin d'avoir donné les résultats que l'on en attendait. Les bateaux en service n'étaient ni assez réguliers, ni assez rapides pour des fruits dont le transport est délicat ; les bananes se vendaient cependant à un prix moyen raisonnable, mais les frais de transport et de commission étaient trop élevés.

Je ne ferai pas figurer les plantations de bananes dans le devis d'exploitation que j'établirai plus loin ; cette culture en effet ne peut être entreprise par les émigrants que si leurs concessions se trouvent dans les conditions voulues pour un embarquement facile, pour que les fruits expédiés parviennent au marché dans un délai suffisamment court, — huit jours au plus, — afin d'arriver en bon état.

Cependant, quand ils le pourront, les colons auront raison de réserver quelques parcelles de terrain à cette culture, pour eux et leurs travailleurs, mais *jamais* aux dépens de leurs caféiers, cocotiers ou cacaoyers.

On plante les bananes par rejetons, de quatre mètres en quatre mètres, soit 620 à l'hectare, de préférence du mois de novembre au mois de janvier suivant. Les pieds donnent leurs premiers régimes dix mois plus tard ; en même temps poussent en bas du tronc, des rejetons dont on ne laisse que deux grandir, et quand le régime du premier pied a été coupé, on abat ce pied et ainsi de suite. Les 600 touffes de chaque hectare représentent 1,800 pieds, soit 1,800 régimes par an, mais tous ne sont pas dans les conditions voulues pour être expédiés, en tant que taille, aspect et nombre de bananes qu'ils portent.

Le prix par régime à Sydney, varie de 1 fr. 85 à 3 fr. 75. Le frêt qui était au début de 1 fr. 25, est depuis quelques temps de 1 franc, et sera vraisemblablement abaissé encore dans la suite à mesure que le nombre des expéditions augmentera.

La culture du bananier est toujours représentée comme étant d'une extrême facilité et d'un bon rapport. Ce dernier point n'est pas sûr, le premier est beaucoup trop relatif.

Assurément le bananier pousse, et facilement, sans grands soins spéciaux. Mais il ne s'agit pas seulement d'obtenir des fruits quelconques: il s'agit d'obtenir de beaux fruits. Et pour ce faire, on se heurte rapidement aux difficultés trop réelles de l'entretien des bananeries, des attentions minutieuses à accorder aux produits, ce qui implique du même coup la nécessité d'un personnel nombreux et de quelques travailleurs expérimentés.

Si l'on ajoute à cela le transport pénible à dos d'homme, parfois pendant plusieurs kilomètres, de régimes dont le poids atteint et dépasse facilement

30 kilogrammes, les difficultés de l'embarquement dans un pays encore dépourvu à peu près totalement de quais, de wharfs appropriés, on conçoit la raison d'être des réserves expresses que l'impartialité nous oblige à formuler ici.

L'essai peut être fait mais dans les conditions dites et sans perdre de vue les aléas de l'entreprise.

L'expérience apprendra aux colons à améliorer eux-mêmes leurs fruits en les débarrassant peu à peu des débris de la fleur à mesure que les pétales s'entr'ouvent, ainsi que des insectes qui leur nuisent en laissant sur la peau de la banane des taches noirâtres qui diminuent la valeur du produit.

Manioc. — Pousse à peu près sans culture aux Nouvelles-Hébrides ; beaucoup de colons donnent les racines de manioc comme nourriture à leurs engagés. J'ai vu plusieurs fois des accidents dûs à ce que les racines consommées étaient trop vieilles. On en donne beaucoup aux porcs, et cette nourriture jointe à la noix de coco et à quelques poignées de maïs, passe pour les engraisser rapidement.

Caoutchouc. — Culture en cours d'essais. Jusqu'à présent les tentatives ont surtout porté sur le genre Céara.

Tout récemment une plantation d'environ 2,000

pieds a été faite avec l'Hévéa brasiliensis qui donne l'excellent caoutchouc du Para.

Le climat des Nouvelles-Hébrides paraît se prêter très bien à cette culture qui pourrait en cas de réussite devenir une source de fortune pour les colons. Maix aucune expérience décisive n'a encore été faite et l'on ne peut formuler que des suppositions.

Le Céara se développe avec une grande rapidité ; un plant sorti de terre le 16 décembre 1896, se présentait en avril 1898 comme un arbre très feuillu, mesurant 3 mètres passés de hauteur, et 30 centimètres de tour à la partie moyenne du tronc.

Cette variété présente le grand inconvénient de se briser avec une extrême facilité sous une brise un peu forte. Le remède relatif se trouve à côté du mal ; l'arbre bourgeonne à nouveau et les rameaux brisés peuvent être replantés pour faire des boutures qui réussissent assez facilement.

Devis d'exploitation. — Il est évident que les frais d'entretien du colon varient suivant qu'il est célibataire ou en famille. Supposons le premier cas et qu'il dispose du capital exigé par l'administration, soit 4,000 francs.

Voici à peu près comment on pourrait établir le devis des premières années .

PREMIÈRE ANNÉE.

Douze versements mensuels de 50 francs en à-comptes
sur le prix de la maison. . . . . 600 fr. »
Construction de dépendances diverses
en torchis et chaume . . . . . 250 »
Engagement de 3 travailleurs . . . 675 »
Achats de graines et d'outils. . . . 100 »
Nourriture des engagés à raison de
0 fr. 25 par jour et par homme . . 273 75
Entretien du colon . . . . 1.000 »
Achat d'un lit, d'une table, chaises et
divers articles. . . . . 200 »

Total des dépenses. . . . . 3.098 fr. 75

Recettes : Récolte de 5 hectares de
maïs, plantés en même temps que
les caféiers. . . . . 1.000 »

Excédent des dépenses sur les recettes . 2.098 fr. 75

DEUXIÈME ANNÉE.

Dépenses :

Douze versements mensuels de 50 francs
pour finir de payer la maison. . . 600 fr. »
Nourriture et entretien du colon . . 1.000 »

À reporter. . . . 1.600 fr. »

Report.	1.600 fr.	»
Engagement de 3 nouveaux travailleurs	675	»
Nourriture des 6 engagés.	547	50
Entretien de l'outillage	100	»
Quelques meubles complémentaires .	75	»
Avances sur salaires aux 1ers engagés.	30	»
Total des dépenses	3.027 fr. 50	

Recettes :

En caisse	1.901 fr.	25
Récolte de 5 hectares maïs	1.000	»
Récolte de 2 hectares tabac	1.500	»
Vente œufs, légumes, volailles . . .	300	»
Total des recettes	4.701 fr. 25	
Reste en caisse à la fin de la 2e année.	1.673 fr. 75	

Troisième année.

Dépenses :

Versement de la moitié du prix d'une baleinière	600 fr.	»
Engagement de 3 nouveaux travailleurs	675	»
Nourriture de 9 engagés	824	25
Entretien du colon	600	»
A reporter. . . .	2.696 fr. 25	

Report.	2.696 fr. 25
Entretien de l'outillage	100 »
Avances sur salaires aux six premiers engagés.	60 »
Achat d'un fourneau de cuisine. . .	100 »
Entretien du mobilier	50 »
Total des dépenses	3.006 fr. 25

Recettes :

En caisse	1.673 fr. 75
Récolte de maïs, tabac.	2.500 »
Vente de porcs, œufs, volailles . . .	600 »
Total des recettes	4.773 fr. 75
Reste en caisse à la fin de la 3ᵉ année.	1.767 50

QUATRIÈME ANNÉE.

Dépenses :

Fin du paiement de la baleinière . .	600 fr. »
Paiement des salaires pendant 3 ans pour les 3 premiers engagés (12 fr. par mois) déduction faite des avances (60 fr.)	1.110 »
Leur rapatriement à 25 fr. l'un . . .	75 »
Engagement de 3 nouveaux travailleurs	675 »
A reporter.	2.460 fr. »

Report.	2.460 fr.	»
Nourriture de 9 engagés	821	25
Avances sur salaires à 6 engagés . .	60	»
Entretiens divers	300	»
Entretien du colon	600	»
Total des dépenses.	4.241 fr.	25

Recettes :

En caisse	1.767	50
Maïs et tabac dans les cocotiers. . .	3.000	»
Produits divers	1.000	»
Café : 10.000 pieds ne donnant encore que 150 grammes chacun, soit 1 t. 500 kil à 1 fr. le kil. frais déduits.	1.500	»
Total des recettes	7.267 fr.	50
En caisse à la fin de la 4ᵉ année . .	3.026	25

CINQUIÈME ANNÉE.

Dépenses :

Paiement et rapatriement de 3 engagés.	1.185 fr.	»
Engagement de 3 nouveaux	675	»
Mêmes autres dépenses.	1.781	25
Construction d'un séchoir à café . .	600	»
Réparations et entretiens.	400	»
Total des dépenses	4.641 fr.	25

Recettes :

En caisse	3.026 fr. 25
Maïs et tabac dans les cocotiers . . .	3.000 »
Café : 10.000 pieds donnant 300 gr. .	3.000 »
— 5.000 pieds donnant 150 gr. .	750 »
Total des recettes	9.776 fr. 25
En caisse à la fin de la 5e année. . .	5.135 fr. »

Le capital primitif est augmenté, une partie de la concession est en rapport, le reste en culture, les meubles et immeubles sont payés, augmentant ainsi la valeur de la propriété.

Dans la 6e année, les dépenses restent sensiblement les mêmes. Les recettes s'augmentent du plein rapport des premiers caféiers et du rapport de début d'une partie des autres.

D'autre part, il n'est plus possible de faire du maïs ni du tabac dans les cocotiers devenus trop grands. Ces deux cultures doivent par suite être réservées pour les 5 hectares qu'a encore disponibles le colon sur sa concession.

Dans la 7e année tous les caféiers sont en plein rapport et doivent donner 300 grammes de café marchand par pied.

A partir de la 8e année, la caféerie et la cocoterie sont en plein rapport, l'une donnant un apport appréciable de coprah, l'autre assurant le revenu régulier que nous avons vu.

La production se régularise et la moyenne de rapport s'établit pendant que, sauf à-coups imprévus, les dépenses restent sensiblement les mêmes. De ce moment le colon est à hauteur de ses affaires, sans trop de préoccupations pour l'avenir.

On pourrait croire, d'après ce qui précède, que le colon arrivant avec un capital de 4,000 francs, n'est jamais en défaut. Mais je dois faire observer que je n'ai indiqué qu'un minimum de dépenses et par contre une bonne moyenne de revenus. D'autre part, il faut toujours craindre un ouragan ou un cyclone détruisant une récolte.

Il est donc bon à ce point de vue que l'émigrant ait toujours une petite réserve en prévision d'un accident de ce genre. C'est pour cela que j'ai fixé à 4,000 le capital nécessaire.

Les canaques. — La réputation de cruauté des canaques néo-hébridais n'est plus à faire et elle n'a rien d'exagéré. J'ai déjà conseillé l'achat d'une bonne arme de défense, soit un revolver (modèle 1892, revolver d'officier, prix du commerce : 75 francs), soit d'une bonne carabine Winchester (à Sydney).

Il est à désirer que le colon n'ait pas à se servir de son arme, mais il est essentiel que les canaques le sachent en état de se bien défendre. Jamais d'ailleurs, un canaque ne frappera en face un blanc même isolé et sans arme. Il est dans la nature des canaques d'agir par traîtrise.

Il suffit donc de se tenir sur ses gardes pour se mettre à l'abri de leurs violences, et de fait, les meurtres d'Européens autrefois assez fréquents, sont devenus plus rares.

Le colon, qui vit dans un centre européen, à proximité d'autres colons, n'a pour ainsi dire rien à craindre.

Être très énergique, sans dureté, avec les canaques des tribus voisines, les employer au besoin pour certains travaux, contre des paiements en marchandises (le tabac en figue, 3 fr. le kilo de 60 figues, est l'article le plus courant, de même que les pipes en terre de 0 fr. 10 et les allumettes bougies en boîte de fer blanc, 1 franc le paquet de 12 boîtes.)

Être toujours très juste en affaires avec eux, mais ne leur permettre sous aucun prétexte de pénétrer armés sur la concession et ne leur tolérer aucune des libertés qu'ils prennent assez facilement.

Quelques conseils d'hygiène. — L'état de santé du colon dépendra certainement de son genre d'existence et je ne saurais trop insister sur la nécessité d'une bonne hygiène corporelle et d'entretien, point que beaucoup de colons français ont le tort de négliger.

Aucun excès d'aucun genre, est une régle absolue. J'ai déjà parlé des précautions à prendre contre le soleil.

Bien que la fièvre des Nouvelles-Hébrides ne soit pas grave, il ne faut pas non plus la considérer comme une quantité négligeable.

A titre de précaution l'émigrant fera bien dès son arrivée de s'imposer l'obligation de prendre deux ou trois fois par semaine, le matin au réveil, une bonne pincée de quinine qu'il arrangera en boulette dans une feuille de papier à cigarettes et qu'il avalera avec un peu de thé ou de café chaud.

Il aura la fièvre quand même, mais les accès seront moins forts. Quand il sentira le frisson et les douleurs osseuses ou musculaires qui précèdent un accès, prendre une bonne dose (de 75 centigrammes à 1 gramme) de quinine. En cours d'accès, 1 gramme d'antipyrine en deux fois à dix minutes d'intervalle dans un demi-verre d'eau sucrée calme souvent les douleurs de tête, abaisse la température et facilite l'arrivée plus rapide de la période de transpiration qui termine l'accès.

Dès le lendemain, un bon purgatif, 40 grammes de sulfate de soude en deux verres d'eau, — dans l'après-midi et les deux jours suivants, 75 centigrammes de quinine.

Recommencer ensuite la quinine **préventive** jusqu'à l'arrivée du prochain accès.

L'acclimatement est assez rapide quand le colon s'impose de suivre un traitement régulier, et surtout quand il ne se laisse pas abattre et décourager par ces inconvénients en somme très supportables.

Centres actuels. — Il n'y a pas trois ans encore que la seule agglomération européenne de quelque importance était celle de Vila, dans l'île Vaté ; — sous cette dénomination on comprend les centres de Franceville, Erakor, Vila, Tagabé, Darbel, et Faureville.

A Undine Bay, dans l'île Vaté également, une petite colonie anglaise d'une dizaine de personnes. Quelques familles installées soit à Forari, soit à Tukutuk.

D'ailleurs je prie les lecteurs désireux de plus de détails, de consulter l'étude complète que j'ai publiée il y a 5 ans : « Colonisation française aux Nouvelles-Hébrides (1895) » qui leur donnera tous les renseignements voulus sur les divers sujets que je ne puis qu'effleurer ici (1).

L'appel fait aux émigrants a été entendu, et les débuts promettent.

Un nouveau centre important s'est créé à Api, île distante de Vila de 70 milles environ ; j'ai eu

______

(1) 1 vol. in-8 br., planches et cartes (J. André).

l'occasion de voir à nouveau les derniers concessionnaires arrivés, en décembre 1898. Leurs travaux sont en bonne voie et tous paraissent satisfaits de leur sort actuel.

De nombreux colons anglais et français sont disséminés sur les côtes des diverses îles et font plus spécialement du coprah.

Ils s'approvisionnent soit à bord des bateaux qui exploitent les îles, soit dans les magasins à proximité de leurs résidences.

MODÈLE DE L'ACTE DE CONCESSION

Entre la Société Française des Nouvelles-Hébrides, ayant son siège à Paris, 59, rue de Provence, représentée par M. Emile Mercet, Officier de la Légion d'honneur, président du Conseil d'administration de ladite Société (ou, si l'acte est passé à Nouméa, l'administrateur de ladite Société à Nouméa, y demeurant.)

d'une part :

et Monsieur.....

d'autre part:

a été arrêté ce qui suit :

ARTICLE PREMIER. — La Société Française des Nouvelles-Hébrides donne en concession, à titre gratuit, aux clauses, charges et conditions suivantes, à M.... qui l'accepte, un terrain d'une contenance de... hectares, situé dans l'île... au lieu dit... portant le nº... sur le plan de lotissement dressé par la Société et déposé dans ses Bureaux, à Nouméa, et dont M... déclare avoir pris connaissance.

4

Art. 2. — La présente concession est faite à charge par M... de résider en personne sur les terrains concédés, à peine de déchéance.

Elle ne deviendra définitive en entier qu'après un délai de cinq années, dans lequel M... s'engage à mettre en valeur au moins la moitié des terres concédées.

Faute par lui d'avoir satisfait à cette obligation, M... sera, à l'expiration du délai de cinq années précité, déchu de la partie de sa concession qui n'aura pas été mise en valeur, laquelle fera retour à la Société, la partie mise en valeur demeurant définitivement concédée à M...

La concession deviendra définitive en entier, même avant le délai de cinq années, aussitôt que M... en aura mis les deux tiers en valeur ou y aura planté cinq hectares en caféiers.

Art. 3. — M... pourra, s'il met la totalité de sa concession en valeur avant l'expiration du délai de cinq années, en obtenir une seconde d'une contenance égale à la moitié de celle de la première, pourvu toutefois qu'il reste des terres disponibles parmi celles qui sont destinées à être distribuées gratuitement aux émigrants..., ce dont la Société sera seul juge.

Art. 4. — En cas de décès de M... avant l'expiration du délai de cinq années ci-dessus, sa concession passera à sa veuve et à ses descendants, qui resteront soumis à toutes les obligations stipulées au présent contrat.

Toutefois, pour eux, le délai prévu à l'article 2 sera prorogé de deux ans et porté à sept ans.

ART. 5. — La transformation de la concession provisoire faite par les présentes, en concession définitive, résultera de la constatation, par une simple lettre de la Société, que M...., ayant satisfait aux obligations résultant du présent contrat, sa concession est devenue définitive.

ART. 6. — M... ne pourra vendre ou louer des terrains concédés que lorsque sa concession sera définitive.

Il ne pourra, à peine de nullité, les vendre ou les louer qu'avec le consentement de la Société.

ART. 7. — La Société s'engage à transporter gratuitement M... de Nouméa sur le lieu de sa concession. Ce transport s'effectuera en deuxième classe sur les navires de la Société faisant le service entre Nouméa et les îles de l'archipel.

La Société s'engage également à transporter gratuitement, dans les mêmes conditions, la femme et les enfants de M...

Il sera accordé à chacune des personnes ainsi transportées une franchise de 200 kilos de bagages par adulte et de 100 kilos par enfant de moins de 12 ans.

ART. 8. — La Société s'engage, pourvu que la demande en soit faite à son directeur, dès l'arrivée de M... à Port-Vila, à construire à celui-ci, sur l'emplacement de sa concession, une case du type de celles que l'administration met à la disposition des émigrants en Nouvelle-Calédonie.

Le prix de cette case est fixé à la somme de 100 fr., dont le montant devra être versé lors de la demande prévue au paragraphe 1er ci-dessus.

ART. 9. — Dans le délai de trois mois qui suivra l'installation de M..., il sera procédé, par les soins de la Société et contradictoirement avec lui, à l'abornement des terrains concédés.

Un extrait du plan de lotissement visé à l'article 1er, sur lequel seront figurés seulement le lot à lui concédé et les lots voisins, lui sera remis dans le même délai de trois mois.

La Société reconnaît avoir reçu de M... la somme de 100 francs, montant des frais de la délimitation, de l'abornement et du plan prévus ci-dessus.

ARTICLE 10. — La Société déclare n'assumer aucune responsabilité, et M... reconnaît n'avoir droit à aucune garantie contre elle pour les revendications, usurpations ou empiètements dont les terrains concédés pourraient être l'objet, et contre lesquels il appartiendra à M... de se préserver et de se défendre par tous les moyens qu'il avisera.

Toutefois, dans le cas où des tribunaux réguliers

viendraient à être constitués dans l'archipel, la Société s'engage à mettre à la disposition de M..., sur sa demande, pour lui permettre de se défendre contre les troubles qui pourraient le menacer dans sa propriété, les titres qui établissent ses droits sur les terrains concédés.

ART. 11. — Dans le cas où la déchéance de M.,. viendrait à être prononcée pour l'une des causes prévues à l'article 2 ci-dessus, M... n'aura droit à aucune indemnité, ni pour les plantations faites, ni pour les terrains concédés, lesquels feront retour de plein droit à la Société dans l'état où ils se trouveront au moment où la déchéance sera prononcée.

ART. 12. — Le présent acte sera enregistré à Nouméa, aux frais de M...

Fait quintuple à..., le...